LES HARMONIES

DU

COLORIS

en rapport avec les

HARMONIES MUSICALES

ou les Lois de

L'ASSORTIMENT DES COULEURS

d'après l'analogie constatée

ENTRE LES COULEURS ET LES SONS.

ATLAS COLORIÉ

(format demi Grand Aigle.)

COMPOSÉ DE 60 PLANCHES

avec un texte explicatif

EN REGARD.

BORDEAUX

1860.

Conditions de la souscription:

___

On souscrit à Bordeaux.

Le prix de la souscription
                                est de

La publication de l'Œuvre commencera par livraisons, dès qu'on aura atteint le Chiffre de Cent souscripteurs.

Le prix de la publication est destiné à être consacré aux bonnes Œuvres.

Outre le texte explicatif l'atlas sera accompagné de 5 mémoires scientifiques, ou artistiques. Le tout sera ensuite réuni à part en corps d'ouvrage, et offert à chacun de MM. les souscripteurs.

Avant-propos

Voici une découverte qui intéresse les amis de la Science et des arts, et dont les résultats pratiques entrent [...] de longue [...] au progrès et [...] aux développements de l'industrie.

Les harmonies du coloris en rapport [...] avec l'harmonie musicale ou les lois de l'assortiment des couleurs d'après l'analogie qui existe entre les sens et les couleurs, tel est le titre d'un ouvrage qu'accompagne un *Atlas coloré* [...] 60 Planches. Chacune des planches de l'atlas [...] texte explicatif. L'œuvre scientifique se compose [...] de 3 mémoires [...] fondé l'un sur l'observation et le goût, le 2e sur la [...] appliquée à la [...] musicale, et le 3ème sur l'optique.

35 planches sont [...] [...] avec leur texte explicatif. Là est le fond de l'œuvre [...] les grandes difficultés du travail ont dû être avant tout [...]. Les planches qui doivent suivre sont le complément des premières et l'extension des premières harmonies de couleurs à toutes les harmonies en couleur. Il ne s'agit que d'appliquer les lois établies pour les couleurs franches, et pour les premières [...] aux couleurs dégradées et rabattues, ainsi qu'aux composés binaires, quaternaires [...] ce qui va aux dernières ramifications du coloris. Les règles qui doivent présider à ce travail sont connues et déterminées [...]. L'auteur n'attend pour la parfaite exécution que le concours d'un dessinateur expert et d'un habile coloriste.

La publication de l'atlas est précédée d'une table raisonnée [...] indiquant le titre des planches et contient en abrégé pour chacune, son texte explicatif.

L'auteur part de l'idée de Newton, qui consiste à former un courant lumineux autour d'un cercle embrassant, sans limites tranchées, et sans lacunes, les 7 couleurs et leurs nuances primitives, toutes prises au ton normal. Ce courant [...] étant fermé il ne s'agissait plus que d'y trouver des points de repère, qui servissent à lumineux opposés, en perpétuelle harmonie de Contraste, et qu'il classe ensuite par groupes de divers colorit. Là se présentent de très-riches applications aux arts.

Viennent enfin, les assises, si belles et tant diversifiées qui montent jusqu'au faîte de l'édifice. Ce sont les harmonies d'analogues : Assortiments de Couleurs trois à trois, Cinq à Cinq, sept à sept, puis 14 à 14, 28 à 28, 49 à 49 ; enfin les Colliers de pierres fines assortis, offrant à l'œil une riche ordonnance de 92 émaux colorés.

On voit ici, de plus en plus, l'analogie d'allure des Sons et des couleurs : Identité de Caractère des accords de son et de Couleurs, distinction frappante des deux modes ; propriétés sensibles et identiquement les mêmes des accords dissonnants ; opposition marquée de caractère entre les tons dièsés et les tons bémolisés ; enfin, belle et heureuse alliance des harmonies de Contraste avec les harmonies d'analogues, qui parle encore plus fort à l'âme dans les couleurs, que dans les sons.

Cette première partie de l'œuvre est couronnée par l'exhibition de 82 Gammes de Couleurs majeures ou mineures, harmoniquement disposées, et renfermant la collection entière des assortiments Septennaires ; et par l'application qu'on peut en faire soit à l'illumination des Portiques, soit à la coloration des vitraux, soit à des dessins de fleurs sur papiers peints &c.

Puisse le Ciel, qui l'inspira, venir en aide à l'exécution de cette Œuvre. L'Auteur est prêt à en enrichir sa patrie, dès qu'il sera encouragé par les suffrages du monde savant et industriel.

Harmonies des Couleurs.

Planches du Grand Atlas.

Table raisonnée des matières.

(Cet Atlas aura 2 parties. la première traite des harmonies entre les Couleurs et Nuances primitives considérées au ton normal de la couleur. La 2ᵐᵉ des mêmes harmonies soit entre les couleurs et les nuances secondaires. soit entre les couleurs de tout genre prises dans leurs divers numéros de teintes c'est à dire adoucies ou renforcées dégradées ou rembrunies modifiées en un mot par l'accession ou du blanc ou du noir.)

1ᵉ Section

des Harmonies entre couleurs et nuances primitives

Par ce nom, nous entendons 1º les 3 Couleurs primitives, Jaune, Bleu et Rouge. 2º les 7 Couleurs du Spectre, parmi lesquelles outre l'orangé et les 3 1ᵉˢ Couleurs, il faut ranger leurs composés binaires, obtenus par les alliances alternatives des 3 Couleurs primaires (Jaune et bleu, Bleu et rouge, rouge et jaune) en évitant, tant les lacunes entre nuances de Couleurs, que les limites tranchées 3º Les Composés binaires ou ternaires obtenus par l'alliance du violet du Spectre avec le rouge extrême, nuances que le Spectre ne donne pas et qui ne se voient pas dans l'arc en Ciel.

Sous ce nom, en un mot, nous comprenons toutes les nuances qui suffisent et qui sont nécessaires pour parfaire dans un progrès continu et insensible le Cercle lumineux des Couleurs

Toutes ces couleurs, dans ce 1ᵉ traité sont prises au Ton normal, et dans leur forme franche; c'est-à-dire sans aucune accession de gris, de blanc ou de noir.

1ᵉ Série de planches — 1ᵉ Livraison
Partie Scientifique en 7 Planches)

Tout art est une règle. Une règle artistique est une

Collection) de lois. Les lois supposent des rapports. L'harmonie musicale repose sur des rapports de nombre, rapports certains, connus, et immuables. Or, il faut qu'il en soit de même pour les harmonies de couleurs : si non on ne sort pas de l'Empirisme. Comment en sortir ? Par l'alliance de l'Optique et de l'Acoustique, de la Peinture et de la Musique, au sein de la Géométrie.

De là, scientifiquement à l'aide de la Géométrie, il s'agit d'étudier : 1° les sons, 2° les couleurs, 3° l'analogie de marche et le domaine respectif des sons et des Couleurs ; 4° les lois du Contraste harmonique, 5° la double Généalogie et des uns et des autres. Ainsi fait on dans l'anatomie comparée, ainsi dans la littérature et les langues.

Planche 1re (en 2 figures) : Des sons, au point de vue musical. Progression naturelle des sons s'échelonnant, dans l'unité de gamme, en vertu des rapports de nombre.

1re fig. harpe primitive indiquant les proportions justes des sons de la gamme, ou des 7 tons élémentaires, et donnant naissance au monocorde gradué des sons, base scientifique et artistique des lois de l'harmonie des Couleurs.

2me fig. Enroulement d'un demi-monocorde autour du Cercle ou le monocorde musical, symbolisant, sous une forme circulaire, soit les degrés d'intensité du son, soit le rapport des intervalles musicaux, soit les valeurs respectives des sons, dans les limites d'un octave ; ce qui donne lieu à la construction rationnelle du Cercle lumineux des Couleurs

(Il s'agit, en effet, d'arriver à cette construction géométrique Newton a essayé ; Chevreul a découvert des lois nouvelles. Pour compléter tous l'opération.

Or, elle ne pouvait se compléter, qu'en rapprochant la marche des Couleurs de la marche graduée des Sons Newton et le P. Scheffer étaient entrés dans cette voie. Mais on n'avait pas réussi jusqu'à cette heure, c'était le désespoir des Physiciens. Une heureuse expérience d'optique nous a permis de la suivre en plein

Il suffit, dès l'abord, que l'on comprenne 1° Qu'il y a entre les Cordes d'une harpe, ou entre des tuyaux d'orgue bien ordonnés, de justes et invariables rapports. 2° Que ces rapports ne changent pas si l'on enroule un monocorde gradué autour d'un cercle — ou d'une couronne de lumière. Tel est l'objet de cette 1re planche: C'est de la géométrie musicale.

Planche II (en 3 figures) Rapports d'analogie entre les Sons et les Couleurs, d'après les plus récentes découvertes d'optique.

1re fig. Les Raies du Spectre, d'après Fraunhoffer et Pouillet, prises sur un spectre solaire direct.

(Cette figure représente les 7 raies du spectre choisies comme jalons par Fraunhoffer, avec leurs rapports de position eu égard aux 7 faisceaux colorés. On voit que la raie f tombe un peu plus qu'au milieu du Vert, et juste au milieu de la distance entre le point de départ h et la raie h dont le domaine est le Violet foncé. Or la raie f c'est le Vert bleuâtre, le point de départ h c'est le Rouge extrême. Ces deux points se partagent donc par moitié le domaine des 7 Couleurs. Or c'est précisément cet équilibre d'après l'optique, qui Constitue le rapport de Couleurs complémentaires. Donc, à s'en tenir à ces données; 1° le Vert bleu est complémentaire du Rouge extrême. 2° les autres Couleurs s'enchassent en des rapports précis avec celle-ci. Mais le pouvoir dispersif des prismes varie, selon la matière qui les forme. Il faut donc, d'après Pouillet, recourir à un autre principe, pour constituer un Spectre normal)

2ème fig. Étude des modifications que subissent les Raies du Spectre, dans les phénomènes de diffraction.

(La figure représente tant à droite qu'à gauche du centre, 4 spectres de dimensions inégales. Dans le 2e de ces spectres la raie f est juste au milieu des deux raies extrêmes. Nous adoptons celui-ci comme spectre normal, ainsi $Cf = fh$. Or f c'est le vert bleuâtre; C c'est le 1er Rouge, Rouge orangé. Ces couleurs sont en rapport de Complémentaires. Et en effet, le goût se trouve ici d'accord avec la théorie. De là notre 3e figure.)

3e fig. Rapports du Monocorde musical avec la marche des Couleurs, telle que l'indique l'ordonnance normale des raies du Sp.ctre.

(Soit d'abord un Monocorde normal constitué d'après l'ordonnance indiquée dans la 2ème figure. Appelons la raie f vert bleuâtre fa', et la raie C orangée Ut'. Ces deux ra[ies]

doivent se partager le domaine du monocorde, qui devient la base
d'un triangle isocèle ut² fa ut³

Or, prolongeons les deux côtés du triangle jusqu'à ce que nous
ayons parcouru l'intervalle d'un ut³ à ut tonai. Un nouveau monocorde
apparaîtra ut-fa-ut dans les mêmes rapports que le 1er. Or, celui-ci
va devenir normal pour le cercle des 7 couleurs.)

Planche III (en 3 figures): La Progression naturelle
des Sons en parfaite harmonie avec la progression naturelle des
couleurs.

Il s'agit d'une analyse comparée de la progression des sons
et des couleurs. Chaque système comprend 1° les éléments 2° leurs
nuances. Or on va voir et les 7 sons et les diverses nuances de son, en
parfaite coïncidence dans leur marche avec les 7 couleurs et les
nuances de Couleur.

1re fig: Les 7 sons de la gamme coïncident, autour du
Monocorde circulaire avec les 7 rayons primitifs des Couleurs.

(Le monocorde amplifié de la Planche II et le monocorde circulaire de la Planche 1re offrent les mêmes proportions. C'est donc une
vérité démontrée; analogie entre les 7 tons primitifs et les 7 premières
couleurs.

2me fig: Les nuances mélodiques de son, coïncidant, autour
du cercle monocordisé, avec les nuances de couleur.

(Ce résultat est tout Géométrique; il est fondé sur la notion
antique que nous ont transmise les Grecs et les Chinois du rapport
du mode à son ton naturel. C'est pour l'intervalle d'un ton le rapport de 1 3 9 à 243, et nous y sommes arrivés par la subdivision,
en 27 degrés, du comma musical, qui est lui-même une subdivision
du ton en 9 parties. Or de là il s'en suit un rapport identique
en sens inverse, et une belle symétrie pour le bémol. De là, des
rapports de sensible, pour ces deux principales nuances, qui
président à la naissance de deux autres nuances symétriques. De là,
pour ces deux nouvelles nuances, même rapport, soit de dièse, soit de bémol, ce
qui donne encore 2 nuances à des distances respectivement égales. De là 6 demi
tons entrelacés, 4 diatoniques et 4 chromatiques, se partageant
le domaine du ton; ce qui en somme, outre les 2 consonnances

principales donne 6 nuances de son en tout intervalle d'un ton plein; et par suite, 2 nuances de son, au milieu de l'intervalle d'un semi ton; le tout, dans une ordonnance parfaite et une parfaite symétrie. De là donc, outre les 7 Couleurs élémentaires; 34 nuances de son, c'est à dire en tout 41 jalons ou flèches mélodiques, qui mesurent l'ample pourtour du cercle nuancé, des sons et des Couleurs. C'est une progression géométrique, qui coupe, et classifie la progression arithmétique ou innombrable, des Couleurs en les appelant chacune par son nom.

3ᵉ Fig. en 2 parties! Le monocorde nuancé des sons, en parfaite Coïncidence avec le Spectre amplifié des Couleurs.

(Ceci est une conséquence de nos 2 premières figures.)

1ʳᵉ Partie. Spectre nuancé des Couleurs, traversé par le Spectre nuancé des Sons.

2ᵉ Partie de la figure. Enroulement du Monocorde colorié autour du Cercle offrant à l'œil le rayonnement gradué des 7 Couleurs et des 34 nuances mères, chacune avec son apanage distinctif.

Planche IV. La Construction géométrique et mélodique du Cercle nuancé des couleurs déterminant, sur des arcs de cercle, le domaine respectif de 41 familles de nuances de couleurs ou Solution Graphique du problème de la progression nuancée.

(Cette figure n'est que l'application des faits et déductions scientifiques ci dessus énoncés. Les 7 sons coïncident avec les 7 Couleurs; les nuances de son, avec les nuances de Couleurs; chacune d'elles rayonne comme une flèche et étend son domaine de 2 côtés. Les limites des apanages sont précisées et calculées en un certain nombre de degrés. Si à chaque degré on pose, en forme de rayon, une nuance, au lieu de 41 on en aura, pour tout le Cercle, 1423. Si les arcs s'amplifient par la prolongation des rayons, et qu'on multiplie par 3, on classera sur le pourtour du Cercle, 4269 nuances. Si le rayon embrasse les limites d'un horizon terrestre, le nombre des nuances se multipliera à l'infini, suivant le nombre de degrés qu'on établira entre chaque ton. Mais chacune de ces nuances sera classée par son nᵒ d'ordre, selon qu'elle se rapprochera plus ou moins d'une nuance mère. Ainsi, elle en suivra la loi ; ce qui est décisif pour les harmonies de couleur. On aura donc autant d'harmonies de couleurs, que l'on pourra former de gammes entre ces diverses nuances, ce qui reporte ces harmonies à l'infini. Il résulte, en effet, de la graduation de ce tableau qu'il y a des tons, des semi-tons diatoniques et chromatiques de couleur, des tierces, des quintes, des quartes, etc. de couleur, comme il y a des tons et semi tons, des tierces, quintes, etc. de son, et que l'on peut, de suite, par le nombre de degrés donné pour une tierce, une quarte, une quinte, etc., trouver l'intervalle que l'on cherche pour toute nuance désignée par son nom mélodique ou son n° d'ordre. Or, la tierce et la quinte d'un son étant donnés, on a son accord parfait ; et la série des tierces successives, qui procèdent d'un même son, donne tous les autres accords. Or il est démontré qu'il en est de même pour les couleurs. Donc etc.

Les couleurs sont ici prises au ton normal, ainsi que dans le spectre solaire. Leurs nuances résultent d'une combinaison binaire, ou tout au plus ternaire des 7 couleurs. Mais comme on le verra par la suite, les mêmes lois peuvent s'appliquer aux couleurs, quels que soient leurs n° de teinte, ou les diverses combinaisons dont elles proviennent. Encore ici le nombre des harmonies va se multipliant à l'infini.

Planche V. Des Complémentaires de Couleur d'après l'Optique (en 3 figures).

1re fig. du Contraste successif des Couleurs, d'après le J. Scheffer. S. J.

2me fig. du Contraste simultané des Couleurs, d'après les Observations de Chevreul.

3me fig. Phénomènes de Polorisation qui indiquent la loi des Complémentaires de Couleur.

(Le Contraste successif des Couleurs, montre que les Couleurs se Complettent l'une par l'autre, et ont une tendance mutuelle l'une vers l'autre, afin de vivre en harmonie.

Le Contraste simultané des Couleurs montre que les mêmes couleurs se ravivent l'une par l'autre, et ne font qu'un, sous l'unité du Contraste harmonique, dès qu'elles se trouvent juxta-posées.

Les Phénomènes de polarisation de la lumière confirment ces données de l'observation et du bon goût; mais de plus, ils se mettent sur la voie pour trouver la loi qui préside aux rapports de 2 couleurs complémentaires. Cette loi, c'est la pondération réciproque; l'équilibre de forces et d'influence, ou le rapport de parité parfaite ou d'exacte symétrie des 2 couleurs, dans l'unité de Gamme, ou dans le parcours total du cercle lumineux de couleur. Chevreul a très bien exprimé ce rapport, en donnant à chaque complémentaire le domaine d'un hémicycle; ou en constituant ce rapport par l'opposition diamétrale; ce qui en effet réclame une parfaite pondération. Or ce rapport va être démontré et par le calcul géométrique, et par la progression musicale, dans la planche suivante où l'on verra dans son entier l'analogie de marche et de rapports de nombre, qui relie les sons et les couleurs.

Planche VI. Le Contraste simultané entre Couleurs, analogue au Contraste entre sons; ou la marche des Complémentaires de Couleur coïncidant avec la marche des Complémentaires de Son, sauf la modification qui résulte de l'excédant du nombre des Couleurs sombres, autour du cercle coloré, sur le nombre des Couleurs claires, modification qui oblige cinq nuances de couleur à choisir ailleurs leur alliance sans en altérer le rapport, qui est toujours un rapport de Quarte.

(3 Couleurs primitives; les 4 autres, alliances, ou modification de celles-ci.

Le jaune, couleur de la lumière, domine dans l'hémicycle des Couleurs claires; le bleu, couleur du crépuscule, domine dans l'hémicycle des Couleurs sombres; Le rouge et le vert, entre deux, c. à d. se partageant le cercle, comme au milieu des 2 1ères Couleurs.

Du rouge au vert, une quarte de couleur; mais du vert au rouge, une quinte. L'hémicycle obscur a donc un ton de plus.

Les Couleurs claires commencent à choisir leurs alliances, mais le rapport des quintes descendantes les oblige à les choisir sur l'hémicycle obscur. Mais comme ces couleurs mélodiques sont moins nombreuses que les couleurs mélodiques sombres, il faut qu'elles laissent en repos l'apanage tout entier d'un ton.

Or cet apanage est évidemment celui des couleurs les plus obscures, qui n'ont qu'un reflet léger de lumière à offrir, pour donner aux couleurs claires le complément qui leur manque.

Laissons donc cet apanage intact (de la limite du sol⁵ au da³³³, à la limite du la³ au sol³³³ qui forme la bordure de ce domaine et où commence le prélude des couleurs du jour), les couleurs lumineuses qui restent, vont choisir leurs alliances sur un autre terrain, où elles trouvent en effet leur complément.

Il y a 2 quintes, montante et descendante le rapport géométrique est le même, bien que renversé. Or la quinte descendante ne pouvant plus, par défaut de clarté, servir de complément la couleur va chercher sa quinte montante ; ou, si l'on veut, c'est celle-ci qui prend la couleur claire pour complément en rapport de quinte descendante. Il y a toujours équilibre, pondération de force et de couleur.

Ainsi sur nos 111 couleurs, se révèlent 17 groupes de couleurs complémentaires, formant autant d'harmonies de contraste, ainsi qu'on le verra plus bas.

Ces groupes se suivent en tournant autour du cercle, à mesure qu'on monte la gamme du point de départ et par conséquent en allant de gauche à droite. A mesure qu'une couleur gagne en reflets lumineux, l'autre doit en perdre d'autant, afin que l'équilibre se conserve. Il y a seulement interruption quand on arrive aux régions les plus sombres. Puis, au delà l'équilibre se rétablit.

Planche VII en 3 figures.

Double progression de couleurs échelonnées en Quintes montantes ou descendantes suivant le double mode de la Génération des tons.

Fig: 1ʳᵉ et 2ᵐᵉ Les 2 modes de génération des tons, ou les deux genres de modulation musicale indiqués sur la harpe d'après la belle théorie des Chinois.

Fig: 3ᵐᵉ Les 7 tons naturels progressant, ou en série ascendante de quinte à l'aigu, ou en série descendante de quintes au grave et donnant par là naissance à deux Séries, à l'infini, de Nuances de Tons soit aiguisés soit bémolisés, aux quelles répondent géométriquement de pareilles nuances de Couleurs.

(Dès qu'il faut admettre des tons nuancés de Couleur, comme de Son, il faut admettre aussi des Quartes et des Quintes de Couleur. Mais aussi, dès qu'on peut calculer, aux intervalles de Quinte ou de Quarte, les degrés d'intensité de son, on peut en calculer les Degrés, aux mêmes intervalles, par rapport aux Couleurs.

Ceci étant posé, que l'on prenne la double série de sons, reçue par les anciens Chinois; soit en rapport de Quinte montante : fa, ut, sol, ré, la, mi si, soit en rapport Quinte descendante : si, mi, la, ré, sol, ut fa, à la seule inspection du tableau qui figure à la Planche. IV on trouvera toutes les Quintes et Quartes de Couleur, d'où résultera l'ordre symétrique qu'indique le tableau actuel. Le seul nom Musical suffit pour reconnaître une Couleur, existant relativement à une autre à l'intervalle de Quinte ou de Quarte, ce qui est une Clé puissante, pour découvrir toutes les harmonies, soit de Contraste, soit d'analogie entre couleurs.

Ici, la Science Musicale rend un service signalé aux arts de la peinture et du dessin. Et comme cette Science se fonde sur des rapports de nombre, qui sont éternels et immuables; les règles du goût et des arts reposent sur les mêmes rapports.)

IIᵐᵉ Série ou Livraison

Partie Artistique, ou détermination, d'après les données de la Science et de l'observation, des 41 Nuances mélodiques, qui se partagent le domaine du Cercle lumineux Coloré.

Planche VIII. Des courants lumineux Colorés, Triple courant de lumière, où le domaine d'une même Couleur paraît s'étendre ou se resserrer, selon la position qu'occupent autour du Cercle, les 3 principaux groupes de couleurs complémentaires.

(On peut prendre pour point de départ de la Couleur, ou le Jaune pur s'il existe matériellement dans la nature, ou le 1ᵉʳ des bleus, qu'en conséquence nous appelons ici le Bleu pur; ou le plus beau des rouges; Rouge incarnat, Rouge cerise Rouge de

La Rose rouge de Inde dont les Complémentaires sont, pour le Jaune pur le Violet pur ; pour le bleu, l'Orange, et pour le rouge pourpré, le beau vert.

Ce dernier point de départ a l'avantage de distinguer le cercle lumineux en 2 beaux Demi-cycles ; l'un réservé aux couleurs claires, que l'on voit d'un clin d'œil, et l'autre aux couleurs Sombres, parmi lesquelles les premières vont naturellement choisir leurs alliances.

Aussi, ce système est il à suivre, soit parce qu'il est conforme à l'ordre des couleurs du spectre, soit parce qu'il indique précisément le choix à faire pour trouver les couleurs Complémentaires.

Cependant, il est bon, pour l'étude de la couleur, de ne point négliger les deux autres points de départ. En effet, la fusion successive des couleurs se voit mieux en prenant pour point de départ le jaune pur, qui, en qualité de Limite descendante du Violet pur, a le droit d'être posé sur un même diamètre.

Comme, du reste, l'orangé offre un égal mélange de jaune et de rouge, étant à égale distance du jaune pur et du rouge de minium, il contraste agréablement avec le bleu pur ; de sorte que la vue de la figure, où il est en face du bleu, peut aider à l'intelligence, tant de la marche progressive, que des belles harmonies des couleurs.

Planche IX Courant de lumière coloré dans le spectre, ou Spectre solaire amplifié, et gradué en guise de monocorde ; indiquant, par ses raies mélodiques, la position, le domaine légal, et la couleur de chacune des 41 familles de nuances de couleur primitives.

(Ceci est une déduction claire de la Science des analogies entre les Couleurs et les sons, dont nous avons posé les bases. Au fond, c'est la reproduction sur une plus grande échelle de la figure N° 3. (1ʳᵉ partie) de la Planche III. Un Spectre nuancé étant donné dans les conditions que révèle l'Optique, les diverses graduations du Mono-corde offrent autant de raies qui portent, soit les noms des 7 tons ou Sons élémentaires de la Gamme, soit les noms des nuances de son, que nous avons fixées à l'aide de la Géométrie musicale (figure N° 2 de la même Planche III). Or ces nuances mélodiques

de son, dans leur marche ascendante répondent nécessairement
à des nuances de Couleur, qu'elles rencontrent sur le spectre. Ce
sont donc des raies géométriques, très régulièrement et symétriquement espacées. La Couleur donc sort et nous dit son nom. Ce nom
est celui du Son, tout d'abord; mais à mesure qu'elle est fixée, par la
continuation De l'axe de lumière sortant du Spectre, la couleur reçoit
un nom artistique qui répond invariablement au nom que lui a donné
le Son.

Il y a ainsi un commencement d'alliance entre la peinture et
la musique, comme entre l'optique et l'acoustique; et l'alliance se
fait par le nombre qui, de sa nature, est éternel.

Si ce tableau est jamais artistement colorié, d'après les règles
qui présideront à la fusion et à la transmutation des couleurs, c'en
est fait des harmonies du Coloris!

Planche X (en 2 figures)
Les 7 Rayons lumineux, complets et sans limites tranchées, sortant des Courants de lumière nuancée et des voies
mélodiques du Spectre, avec leurs nuances respectives, posés à
espacements égaux.

(La 1ère fig:, posée en bas, comprend le rouge, l'orangé
et le jaune, c.a.d. sauf deux nuances, $ré$ et Sol l'ensemble des
Couleurs lumineuses.

La 2me fig:, comprend le vert, le bleu, l'indigo et le violet,
c.a.d l'ensemble de l'hémi-cycle obscur ou des couleurs sombres,
sauf deux nuances (la et $ré$) le carmin et le pourpre, que nous
avons classés parmi les rouges.

Chaque faisceau lumineux a ses nuances mélodiques:
On y voit distinctement 9 verts, 7 rouges, et 5 nuances des autres
Couleurs, en tout 41 cases destinées aux couleurs en nuances mères
Dont les noms artistiques sont, à peu près déterminés.

Nous avons mis les espacements égaux, non par qu'ils
existent ils dans le Spectre, mais parce que les nuances de Couleur
en étant extraites, par une sorte d'enlèvement qui est dû aux nu-
-ances de son, il est permis de poser ensuite ces précieux types à
des espacements égaux, pourvu que l'on se souvienne de leur nom

musical , quand il s'agira de procéder à des assortiments harmoni-
quer; pourvu encore que l'artiste qui coloriera le tableau, évite les
limiter tranchées, quand il montrera à l'œil les 2 Courants

Le 1er faisceau commence par le rouge, et là sont les alliances avec le vert, qui figure au-dessus. Viennent ensuite l'orangé
d'une part, et de l'autre le bleu, où se cachent de belles alliances
Le Jaune est en troisième ligne dans le bas, mais il choisit ses
alliances non plus dans l'indigo, mais parmi les Violets et les
bleus.)

Planche XI. (en 2 figures) La marche de la lumière
colorée, autour d'un horizon terrestre, apte à donner l'intelligence de l'influence réciproque de la composition naturelle et
de la progression graduée des 7 Couleurs et de leurs nuances
mélodiques, selon l'ordre ration. et primitif

fig. 1re Les 21 Couleurs ou nuances mélodiques, naissant
par un soleil levant dans un ciel richement nuancé.

fig. 2e Le domaine respectif, et la marche combinée des
3 Couleurs primitives autour d'un horizon terrestre, indiquant la
progression naturelle et la composition mélodique des 7 Couleurs élémentaires et de leurs nuances intermédiaires.

(Cette planche repose sur l'observation. Ses 4 points cardinaux
y sont fixés. Chacun d'eux est le siège, au 1er Crépuscule et à la naissance du jour, des diverses Couleurs. A l'orient, les couleurs de l'aurore. Vers le Midi les rouges et les Violets, Vers le Nord apparaît le
Vert. A l'ouest, le bleu et l'orangé. Supposons le soleil se levant
à 23 degrés de latitude Nord ... au Solstice d'Été, la flèche ou
jaune pur ... aura à peu près cette position. Or en les suppo-
sant pour un même groupe de couleurs, à des intervalles égaux,
les nuances occuperont dans le ciel à peu près la place indiquée
dans la 1re figure. On pourra reconnaître à sa seule inspection
la Composition naturelle et les degrés de coloration de chacune des
nuances mères

La 2me figure, sous une légère modification, indique mieux
encore la graduation mélodique ou l'adoucissement progressif
des 3 principales Couleurs. Au bas de la figure on voit groupées

les brillantes couleurs du jour, c. à. d. les violets clairs et les rouges pourprés, que l'on chercherait vainement dans le spectre solaire, mais que l'on découvre aisément par le phénomène des bandes irisées, à l'aide du prisme. Toutes les autres nuances sont des combinaisons binaires. Mais ici, dans les pourpres, se révèlent les 1ères combinaisons ternaires de Couleurs.

Planche XII. La Composition physique des Types primitifs de nuances de Couleurs, d'après l'évaluation déjà faite de leurs intervalles mélodiques, et de l'influence réciproque de chacune des 3 principales Couleurs.

(Cette planche peut servir définitivement à fixer, dans la pratique, le Classement et la composition matérielle de chacune de nos nuances mères. Chacune d'elle est également espacée de la précédente et de la suivante, parce que leurs intervalles mélodiques sont à peu près égaux. Elles sont groupées par faisceaux lumineux et progressent d'une couleur comme à une Couleur Comme. Ainsi, du Rouge minimum au jaune pur, on a les orangés et les couleurs de l'Aurore ; du Jaune pur au bleu, les jaunes verdoyants et les verts ; du bleu à l'Indigo —, toutes les graduations de bleu, non compris toute-fois les bleus carminés, qui sortiraient d'une combinaison ternaire, de l'indigo, au carmin, ou à tous les violets ; violets bleus, violets proprement dits et violets-rouges. Enfin, du Carmin au rouge de Minium, on a les beaux rouges pourprés, la seule combinaison ternaire, qui soit nécessaire, mais qui suffit, pour clore le cercle nuancé. On a vu, par là planche précédente, que ces couleurs voyantes étaient à la fois dans le domaine du Rouge, du jaune et du bleu. Le rouge évidemment y domine, mais l'accession du jaune et du bleu en belles proportions ; en fait les plus riches des couleurs. C'est le pourpre, le rouge pourpré, et la couleur de feu ou couleur de la Légion d'honneur, dont les nuances sont diversifiées à l'infini dans la nature.

Il ne manque donc au classement général, que d'indiquer au coloriste la juste proportion, selon laquelle chacune des 3 Couleurs 1ères entre dans chacune des nuances.

2 Observations aident à cet objet : la 1.ʳᵉ Celle des intervalles mélodiques et des degrés de coloration ou de transfusion d'une couleur dans l'autre, qui résultent de cette connaissance. La 2.ᵐᵉ, c'est la distinction des propriétés lumineuses, à différents degrés des diverses couleurs. Le jaune est la 1.ʳᵉ dans cet ordre ; viennent ensuite l'orangé, le rouge, le vert, le bleu, le violet et l'indigo. Il faut donc plus de degrés d'intensité du bleu pour faire les violets que les verts à la même distance mélodique, moins d'atténuation du Rouge carmin pour le côté de l'indigo que pour les régions de l'aurore, etc. etc. Tout consiste à faire une belle graduation : nuances sans limites tranchées. Or c'est ce qui résulte des Calculs, indiqués dans ce tableau.

Planche XIII : Les 41 types de couleur jaillissant du blanc de lumière, dans leur ordre de marche, autour d'un horison terrestre, ou les 41 nuances mères s'équilibrant sur les ailes du Jaune pur, au sortir d'un courant lumineux continu.

(Cette figure indique parfaitement la marche progressive de la lumière, animant les diverses couleurs et se transfigurant en elles. Le point de départ est le jaune. À droite, par les bleus, il anime de son sein les verts, que projettent vers lui les bleus et l'indigo. À gauche, par les Rouges, il enfante les couleurs de l'aurore, les orangés, les Rouges, jusqu'au moment où les 3 couleurs primitives, s'unissent, donnent naissance aux pourpres, qui vers les confins de la nuit, prolongent l'empire du Carmin dans les violets.

Ainsi le circuit coloré est complet, sans limites tranchées d'une couleur à l'autre. Comme, du reste, la composition des nuances est fixée, d'après les planches qui précèdent, on a pu les faire figurer comme marchant à des espacements égaux, et revêtant la forme ovale dans leur ensemble. Lorsqu'on suive d'une nuance à l'autre les intervalles mélodiques de couleurs et les degrés de coloration, qui en sont le résultat obligé, cet espacement égal de nuances ne gâte rien à la vérité du Coloris, et à l'harmonie générale du système. — Ce travail essayé sur le jaune, va être poursuivi sur le bleu et ensuite sur le rouge cerise, indiqué par Chevreul comme le type ou le plus beau des rouges. Alors il nous sera permis d'assigner à chaque nuance son nom caractéristique de Couleur.

Planche XIV Les 40 familles de nuances, groupées autour de l'Indigo, ou les couleurs sortant des ombres de la nuit pour se rencontrer en 2 chœurs dans les régions de la lumière

(Le plus foncé et le plus beau des bleus perd successivement ses teintes nuancées en marchant d'un côté, par le bleu azuré et les verts, vers le jaune, de l'autre ; par les violets et le carmin, vers les pourpres, l'orangé et le jaune pur. Les degrés de coloration mélodique, l'Indigo compris, sont au nombre de 20 des 2 côtés ; et la lumière, atteignant enfin le jaune pur, toute coloration, s'arrête, le jaune lui même se noyant dans les flots de lumière.

Ce tableau va donc à l'inverse du précédent. Les filets lumineux augmentent, en éclat, des deux côtés, à mesure que l'on s'éloigne de la couleur la plus obscure. Que, si l'on ménage, de part et d'autre, sur le pourtour de l'œuf, nos degrés mélodiques en faisant de chacun un n° de teinte nuancée ; le dernier 36° tant à droite qu'à gauche, atteindra les confins du jaune pur, et le laissera seul dans sa lumière mono-chromatique.

Cependant la marche n'est pas la même sur deux côtés le jaune est plus lumineux que le rouge, et le minium plus que le carmin. De l'indigo au jaune, les n° de teinte atténuée se suivent à peu près, sauf une légère modification, lorsque l'on passe du <u>bleu</u> au <u>vert</u> ; mais de l'indigo vers le rouge, il n'en est pas de même. Sur notre cercle coloré, arrivant sur les confins du minium, tout bleu expire. Donc, la dernière teinte atténuée, se trouve dans le rouge de feu (n°) Delà donc il faut faire remonter les degrés de coloration jusqu'au carmin (n°) qui par suite, prend le N°. 4. Or 19 − 4 = 15. Donc ces quinze degrés doivent être répartis sur les 7 nuances qui suivent, en remontant vers l'Indigo. Cela s'explique par la <u>clarté</u> qu'ajoute à ces bleus plus ou moins foncés, le Carmin, ce qui permet aux violets de se suivre sans limites tranchées, jusqu'au rouge - carmin. Cette planche est donc une excellente Étude de Coloration artistique.)

Planche XV. Les Noms et l'apanage respectif

des 41 familles de couleurs ou de nuances-primitives ; ou les 40 types de nuances, s'harmonisant autour de la reine des couleurs (rouge pourpré.)

(6 types de couleurs sont bien déterminés : Carmin, Rouge de minium, orangé, jaune pur, bleu et indigo. A 'gale distance du Carmin et du minium, est le rouge du fruit du ceri-sier royal, ou de la rose rouge d'Inde, qu'on peut appeler le roi des rouges : Or, c'est par lui qu'on détermine mélodiquement toutes les autres couleurs, ou nuances indécises ; Nous avons vu Comment.

Or, cela fait, il a été permis de les faire sortir de leur sommeil, autour du cercle coloré, et de les poser, par ordre, à des distancements égaux. Dès lors, nos courants colorés ont dû suivre la progression de ces nuances mélodiques.

En choisissant pour point de départ, le jaune pur et l'indigo, nous avons pu calculer les degrés, soit de coloration, soit de dégradation nuancée de la lumière, en chacun de leur intervalle.

Les nuances donc étant fixées, il n'y avait plus qu'à leur donner des noms et des types gradués dans la nature. Ici, le point de départ est le roi des rouges, harmonie de toutes les couleurs. Une symétrie parfaite règne dans ce tableau. Tout y est échelonné par ordre, à droite et à gauche du rouge. La figure entière pourrait prendre la forme expressive d'un cœur. (Qu'on observe les 4 points cardinaux : Au nord, se fait la sépa-ration des verts et des bleus ; Au couchant, c'est le règne de l'indigo ; vers le soleil levant, brillent les jaunes. Les rouges et les pourpres au midi.)

Les harmonies du Coloris. II.ᵉ Division
Partie Harmonique.

3.ᵉᵐᵉ Série de Planches . 3.ᵉᵐᵉ Livraison :
Harmonie de Contraste ou Assortiments de couleurs deux à deux considérés dans l'alliance de 2 Complémentaires

…e couleurs analogues aux complémentaires de son

Planche XVI. Les 2 Courants de lumière colorée en perpétuelle harmonie de contraste ; et les 17 groupes de complémentaires de couleur, parmi les 41 familles de nuances primitives, jaillissant du sein de ces courants.

(La partie mélodique est achevée : les nuances de couleur se suivent dans une même gamme, comme les nuances de son. Il s'agit de les assortir. On voit ici la continuation de l'analogie musicale. Les couleurs s'allient deux à deux, trois à trois, sept à sept, etc. absolument comme les Sons. La plus belle harmonie est celle de l'accord parfait, ou l'harmonie de trois couleurs, symbolisant la trinité adorable ; mais il est une harmonie qui la précède : c'est celle du contraste harmonique, qui se révèle dans les couleurs complémentaires. Or, il est facile de ramener cette harmonie à celle de l'accord parfait, le contraste harmonique n'étant lui-même qu'une heureuse association, une circuminsession des 3 couleurs primitives fondues ensemble. Orangé et bleu, violet et jaune, rouge et vert — ; c'est ce qu'on voit en toute harmonie de contraste. Or, chacun de ces groupes porte visiblement le cachet des 3 couleurs primitives, dont toutes les autres procèdent. Tout consiste à en varier les proportions, de telle sorte qu'elles s'équilibrent et se complètent par leur juxta-position. Delà, nos 17 groupes harmoniques.

Deux courants de lumière colorée, partant des régions de l'aurore, vont, l'un, du jaune pur à l'indigo, rencontrant à droite le beau bleu (sol⁑) et à gauche le violet pur (sol⁙) Derniers confins des alliances par contraste ; l'autre, du violet pur à la couleur aurore, vers la droite ; et au Jaune pur, vers la gauche. Dans le 1ᵉʳ Courant, les couleurs ayant complété leurs alliances, entrent dans les régions de la nuit — Dans le 2ᵐᵉ, faute d'alliances possibles, la nuit encore. Donc 17 groupes harmonisés, et rien de plus.)

Planche XVII (en 2 figures) Le Tableau général des harmonies de contraste, entre les diverses familles nuances primitives, prises au ton normal.

1ʳᵉ **Figure** : **Les Alliances** de couleurs deux à deux s'équilibrant, en symétrie parfaite autour du groupe primitif, qui relie le Jaune pur au Violet pur.

(Cette figure procède des 2 Courants, marchant en sens contraire, mais toujours en contraste harmonique, que porte la planche précédente. On y voit, comme la lumière se répartit d'un côté, du jaune pur, vers le bleu, donnant naissance au jaune de soufre et aux beaux verts, qui s'allient avec les beaux violets et les plus beaux d'entre les rouges; de l'autre, du même Jaune mono-chrome, vers le rouge du spectre solaire, par les aurores et les orangés, qui s'allient avec les beaux bleus, et enfin avec les verts bleuâtres. Or, rien de plus logique que cette répartition, et ces alliances, comme le prouve la seule inspection du tableau.)

2ᵐᵉ **Fig:** Équilibre perpétuel de la Coloration, dans la marche du Contraste harmonique, qui relie les deux Hémicycles du grand cercle lumineux coloré.

(Au centre du tableau on voit les orangés cherchant l'alliance des bleus, au bas, ce sont les rouges, du plus beau sang, qui recherchent l'alliance des Verts; et vers le haut, les Violets clairs, les carmins et les pourpres, qui recherchent l'alliance des jaunes, légèrement injectés de bleu. Il y a donc, au 1ᵉʳ aspect, des affinités d'alliances entre les faisceaux lumineux de même nom.

Mais, si l'on considère séparément chaque face, on a, à gauche, le faisceau coloré des verts, puis la partie du rayon bleu et du rayon Violet. Dont la clarté permet aux faisceaux qui s'y succèdent, de Contraster harmoniquement avec les jaunes; à droite, on a la succession des rouges, des orangés et des jaunes, jusqu'aux verts. Sous ce 2ᵐᵉ aspect la gracieuse progression des Six rayons, susceptibles d'harmonies de Contraste, se développe, dans un équilibre constant...

On a là, un très beau choix de rubans, à opposer les uns aux autres.

Deux choses resteraient à faire, pour l'heureux complément de ces Harmonies de Contraste;

1° Mettre en évidence les rapports de Consanguinité et...

de graduation mélodique qu'ont entr'eux les divers groupes de couleurs complémentaires, en indiquant les degrés de coloration qui constituent chacune des nuances accouplées ; on y reconnaîtrait de plus en plus cette belle pondération de lumière et d'ombre, et cet équilibre constant des trois couleurs primitives qui constitue optiquement et mélodiquement le rapport de Complémentaires.

1º Indiquer des Exemples d'harmonies de contraste entre couleurs puisés dans la nature, dans les arts et dans l'usage même de la vie humaine.

1º Dans la nature : Je voudrais dans un même tableau, en regard : 1º Une vue des cascades de Cauterets (Les anglais, Mabouret ! dont les eaux semblent rouler des émeraudes escortées de mille rubis, sur de longues lignes de flots mobiles qui ont la blancheur de la neige ; 2º Un lever du soleil, sortant d'un horizon nuageux, sur une gracieuse vallée, tapissée de verdure. On admirerait là, le contraste du plus beau pourpre, avec ce vert doré qui se réflette sur l'émail des prairies aux beaux jours du printemps (sauveterre, près Castres Tarn.

2º Dans les arts : une série de médaillons armoiriés, portant chacun, en belle symétrie, un de nos groupes de Couleur complémentaires ;

3º dans l'usage de la Vie humaine : Une indication du choix des Couleurs qui conviennent aux diverses teintes de carnation, ainsi qu' aux nuances de la chevelure. Rien de plus utile aux artistes, pour se conformer aux règles du goût dans leurs tableaux.

De là, 5 à 6 belles planches, qui complèteraient notre travail sur les harmonies de Contraste. Mais on sent que les Applications iraient ici à l'infini. Qu'il suffise, dans ces 1ères planches, d'avoir bien établi les principes. Citons ici une parole grave d'un illustre Écrivain :

« Un Auteur qui expose convenablement dans ses écrits, l'Art de bien exécuter une espèce quelconque de travaux non vulgaires, a une plus grande part dans chacun d'eux que l'artiste le plus habile qui s'adonne aux détails de l'exécution.

« En voici la raison : L'art est une règle ; or la règle a deux « prérogatives : l'une est, comme l'observe St Thomas, de renfermer « des choses infinies en une seule, puis l'universalité comprend des « particularités à l'infini ; l'autre, c'est d'être l'idée typique ou la cause « exemplaire, la cause du travail dans les arts, incomparable — « ment plus noble et bien plus importante que la puissance « exécutrice. » (Card. St Sforza Pallavicini : art de la perfection.)

Une observation historique vient à l'appui de ce raisonne — ment : C'est que Vitruve et après lui Vignolle ont fait plus d'excellents et sages architectes que n'en ont inspiré les œuvres grandioses des Michel-Ange et des Bernini.)

Planche XVIII. Les 1ers Groupes complémentaires de couleur, représentés par autant d'assortiments de pierres précieuses.

(Les gemmes ont l'avantage, à raison de leur mode de cristallisation, de donner lieu à des phénomènes d'interférence et de double réfraction qui leur donnent le plus vif éclat, et qui mul— tiplient les beaux accidents de lumière. Qu'on conçoive donc des pierres précieuses attachées à un lustre, dans l'ordre du présent tableau, outre les couleurs propres de chacune, on aura les plus magnifiques reflets.

Les couleurs y occupent des cercles concentriques. Les cou— leurs lumineuses ont leur aspect vers l'orient, et les couleurs sombres leur servent d'ombre lumineuse, à l'occident.

A gauche donc les verts, les bleus et les violets ; à droite, seul les rouges, les orangés, les jaunes.

Sur les deux premiers cercles, au bas du lustre, sont les Verts, au nombre de huit, s'harmonisant avec les rouges.

Le 3me Cercle porte les bleus, contrastant au nombre de 5, avec les orangés et les jaunes d'Or.

Le 4e Cercle, vers le haut, offre l'aspect de 3 Violets brillants et du Carmin en contraste harmonique avec les autres jaunes ; le vert naissant ferme la marche.)

4e Série : Harmonies d'Analogues.
4e Livraison

1° Des assortiments de couleurs trois à trois Gamme harmonique des couleurs, renfermant une

double progression harmonique, ou la série des accords parfaits
de couleurs, par tierces entrelacées, allant alternativement du
mode majeur au mineur; et s'échelonnant suivant la loi
de la progression musicale.

Planche XIX 1re Progression harmonique ou 1re
série d'accords nuancés, coïncidant avec la progression des
tons et accords musicaux qui s'enchassent les uns aux autres selon la voie
de la génération directe ou ascendante d'où résultent les
tons dièsés (Cette planche doit se lire de bas en haut et de gauche
à droite, en partant du Ré, puis du Ré#, Ré## etc)

(Ce sont tous les accords de couleurs dièsés. De quelque
manière qu'on prenne simultanément trois couleurs qui se
suivent sur ce tableau, on a un accord parfait de trois
couleurs, accord majeur si la 1re tierce est majeure; accord
mineur si la 1re tierce est mineure. Or, afin de faire sentir la
différence des deux modes; et afin de montrer à l'œil la progression des cordes dièsées, un léger feston courant à travers les
nuances, divise chaque série en deux filets. Le haut porte la
progression des quintes ascendantes de son et de couleur: fa, ut,
sol, re, la, mi, si, etc. Le bas porte la série des tierces, alternativement majeures et mineures, qui relient ces quintes
entr'elles. Ainsi, une harmonie continue relie 3 à 3 toutes les sons et toutes les couleurs.

Chaque couleur, en outre, est surmontée d'une demi
lune de même nom, entre les 2 nuances qui forment avec
elle accord parfait. On a donc, en dessus du feston, toute la
suite des accords majeurs et en dessous, toute la suite des accords
mineurs, alternant avec les premiers.

Planche XX. 2e Progression harmonique, ou
2e série d'accords nuancés, coïncidant avec la progression
des tons et accords musicaux qui s'enchassent les uns dans
les autres, suivant la voie de la génération rétrograde; ou
inverse, d'où résultent les tons bémolisés.

(Cette planche, comme la précédente, n'est qu'une
pplication à la formation des accords de couleurs, des

...mière de la planche VII. On voit là, au milieu du tableau, une double série de quintes ascendantes d'un côté et descendantes de l'autre, qui du double point de départ *Fa* ou *Si*, ouvrent une double progression sans fin. C'est le présent qui va à l'une et à l'autre éternité, c'est une suite de générations à l'infini, considérées dans l'ordre de descendance ou d'ascendance comme dans les généalogies bibliques. Nous nous sommes arrêtés aux confins du 4ᵉ dièse et du 4ᵉ bémol, parce que la loi des assortiments de couleurs n'en exige pas d'avantage.

La planche XIXᵉ comprend tous les accords de nuances de son diésés et la planche XXᵉ les accords de nuances bémolisés. En dessus, le mode majeur, en dessous, le mode mineur et les deux modes alternent l'un avec l'autre.

Pour obtenir ce résultat il a suffi d'intercaler entre chaque quinte montante ou descendante d'une série, la tierce de couleur et de son, qui relie, en un tout harmonique, les 2 extrêmes.

Les 7 premiers accords de la planche XXᵉ sont communs à nos deux tableaux. Si on les superpose, de manière à n'en faire qu'un seul, qui commencerait par l'accord de Si ♭♭♭♭, pour se terminer à l'accord de Sol ♯♯♯, on a par voie de quintes ascendantes la série totale des accords de son et de couleur, ou la Gamme harmonique complette, qu'il est facile de grouper en un immense collier de pierres fines englobant harmoniquement toutes les nuances de couleur.

Planche XXIᵉ. *La Chaîne des harmonies de couleurs trois à trois, représentée par un triple collier harmonieux de Pierres fines.*

Le premier collier est formé des accords de tons diésés, le 2ᵉ, des accords de tons bémolisés. Le 3ᵉ Collier composé de 92 pierres fines, forme, dans son ensemble, un assortiment parfait de tous les tons, de son et de couleur, tant diésés que bémolisés. On y voit les deux genres d'accords réunis, et en outre quelques notes subsidiaires, appelées à fermer le cercle harmonieusement. On peut lire aux deux planches précédentes grâce à la symétrie, les noms véritables de ces notes.

Le 1er Collier, montant à droite, par voie de progression ascendante, s'ouvre au milieu, de gauche à droite par le bas, Le 2e descendant vers la gauche, selon l'ordre de la progression rétrograde, s'ouvre vers le haut au milieu, et circule de droite à gauche, le 3e suit une voie ascendante du dernier des bémols au dernier des dièses allant du milieu, par le bas, de gauche à droite. C'est l'emblème d'une généalogie prise à la tige même, qui n'aurait plus au delà que l'Éternité.

La fermeture des colliers se fait par un assortiment des dernières couleurs avec les premières. Il est parfait pour le plus grand collier. Quant aux deux autres l'assortiment est parfait encore, si l'on ajoute pour chacun une note (si^{bbb}) et ($ut^{###}$), ce qui requiert, pour l'un et l'autre, 49 nuances de couleurs. Il semblerait que le collier d'ensemble dût porter, à ce compte, 49 + 49 + 1 nuances, c'est à dire 99. Mais comme en chacun des 1ers, la série des tons naturels fa-ut, sol, re, est est comprise, et qu'elle ne peut paraître qu'une fois dans le 3e, celui ci ne comprend réellement que 92 nuances, ou pierres fines.

Observons que le dièse va en montant; par conséquent les accords diésés ont dans leur sein les couleurs les plus lumineuses; le bémol au contraire descend; donc les accords bémolisés ont les plus beaux renforcements de couleurs. Plus on avance, dans les 2 séries, et plus ce double caractère est sensible ainsi analogie avec les sons.

Planche XXII. Le Caractère et les propriétés des accords de Couleurs, répondant analogiquement au caractère et aux propriétés des Accords de Sons (en 3 figures)

Fig: 1re Les 2 modes (Accords d'Ut et de Sol)

Fig: 2e Les 3 Etats de l'accord, dans les 2 modes (ton d'Ut)

Fig: 3e Les 18 manières d'accorder une couleur avec 2 autres qui lui sont harmoniquement liées, d'après les divers modes d'assortiment d'un son avec 2 autres sons (Exemple, Mi, ou jaune Citron))

(Ceci prouve de plus en plus l'analogie des sons et des Couleurs

1°. La distinction des modes. Le Majeur est plus vif, plus brillant et moins terne que le Mineur. Plus une tierce de couleur s'éloigne de la consanguinité, et plus son opposition avec la tonique est agréable (Exemple ut mi) Plus une tierce se rapproche de la Consanguinité, surtout dans le domaine des couleurs sombres, et moins son opposition avec la tonique est agréable (Exemple sol si) Plus, la tierce faisant la liaison de la tonique et de la quinte tient le milieu des 2 couleurs, et plus la diversité plait à l'œil. Or il en est ainsi de la tierce Majeure (Exemple sol si re) Plus elle entre dans le domaine de l'une d'elles, et moins la pondération est gardée; moins aussi la fusion en un est sensible; et moins l'harmonie est voyante (Exemple ut mi♭ sol). Ainsi, le caractère du mineur et du majeur est aussi manifeste dans la couleur que dans le son. Le choix dépend des sujets que l'on traite, en peinture comme en musique. La peinture est une musique pour les yeux, comme la musique est une peinture pour l'oreille.

2°. Les 3 États de l'accord. Ceci tient à la disposition des Couleurs dans un tableau, quel que soit le caractère de l'accord. Analogiquement les 3 États de l'accord se répondent, comme on le voit ici pour les 2 modes ou ton d'ut. Je dis analogiquement, car analogie veut dire ressemblance, et la ressemblance n'est pas identité parfaite. Il y a donc des différences. Ainsi, le triple ordre d'agencement de trois couleurs ne rend pas parfaitement le caractère du triple état de l'accord de trois sons. Il y a un agrément particulier dans les renversements de l'accord de sons, qui ne peut se trouver dans les mêmes états de l'accord de Couleur. La raison en est que les sons, dans les renversements, passent à l'Octave (Exemples : mi sol ut — mi ut sol) Or, l'octave n'est pas tout à fait le son primitif; il en est la réplique l'antiphonie, l'unisson harmonique, qui, comme le fils au père, s'unit à lui par un certain charme. Mais il n'en est pas de même de la Couleur. Une couleur n'a point d'Octave.   Et

Et la raison intérieure en est, que le sens de l'ouïe, intellectuellement, est plus parfait que le sens de la vue. La vue est le sens de l'imagination, l'ouïe est le sens de l'intelligence. L'intelligence perçoit l'universel, et l'imagination borne sa vue aux objets particuliers. Or dans l'universalité des choses qu'embrasse de son regard l'intelligence, il est bien des particularités qui échappent à l'imagination, parce que cette faculté ne peut s'étendre d'elle même à ces nouvelles sphères. Cependant entre ces facultés, il y a une merveilleuse sympathie. Ce sont en quelque sorte deux guitarres mises à l'unisson, ou en quelque façon 2 échos dont l'un répond à l'autre. Parle l'imagination conçoit elle un objet ? elle en transmet l'image à l'intelligence. Réciproquement, ce que l'intelligence contemple est immédiatement retracé par l'autre faculté, au moyen des couleurs les plus justes et les plus vives, dont elle peut disposer dans ses ressources terrestres.

De cette sympathie donc, il résulte que l'imagination par la couleur peut exprimer certaines relations de sons perçues à l'aide de l'ouïe, et comprises de l'intelligence, et de son infériorité relative. Il résulte qu'elle ne peut, par la couleur exprimer toutes les propriétés et toutes les relations de son.

3° Les 18 manières d'assortir une couleur avec 2 autres, d'après l'analogie de l'accord de couleurs avec l'accord de sons.

Il y a 3 Couleurs, comme 3 sons dans un accord, que l'harmonie ramène à une belle et symétrique unité. Or, une couleur comme un son, peut se trouver dans un accord en qualité de tierce ou de tonique ou de quinte, ce qui donne 3 - 1ers accords. Mais chaque accord répond à l'un des 2 modes. Voilà donc une couleur, ou nuance quelconque entrant dans 6 accords parfaits. Mais on peut disposer la couleur dans un accord d'après sa position musicale en chacun des 3 états de l'accord. Il y a donc 18 modes d'assortiment pour une couleur dans les accords; et ce sont des accords parfaits. Que si l'on tient compte de l'accord neutre (ut mi sol) on aura 21 manières de colloquer une couleur dans les accords.)

Harmonies d'analogues (suite.)

5e Série ou Livraison. 2° des assortiments de couleurs 7 à 7, 5 à 5, etc.

Planche XXIIIe Manifestation par la couleur des harmonies du Nombre Septennaire.

(7 Tons, 7 Couleurs, 7 jours de la semaine, 7 astres visibles à l'œil nu, du Système solaire, 7 Diacres dans la primitive Église 7 branches du candélabre d'or du Tabernacle; 7 Églises d'Asie, 7 anges assistant au trône de Dieu, 7 Sceaux du Livre des Révélations (l'Apocalypse) 7 trompettes, 7 Coupes et 7 attributs de l'agneau, 7 Dons du St Esprit, 7 Sacrements unissant en une seule gerbe les 7 rayons du flambeau d'or. — En tout, c'est l'unité ternaire multipliant en septénaire l'unité qui ne change pas.) Nombre Sept. Nombre plein de mystères! ... (Citation d'un pieux auteur.)

$7 = 3+4$; C'est l'alliance du pair et de l'impair, l'alliance du nombre ternaire avec le quaternaire, les nombres les plus parfaits dans leur ordre.

$7 = 3+2+2$; C'est le nombre binaire, deux fois, et symétriquement déployé, autour du nombre ternaire.

$7 = 5+2$; mais il est plus complet que le nombre 5, auquel il manque 2 degrés pour harmoniser le ternaire avec le quaternaire.

$7 = 6+1$; C'est à dire le nombre binaire répété 3 fois, et rangé, comme dans le plein centre ou l'ogive, autour de l'unité: Il en est de même dans la figure humaine qui est Ovale Enfin, 7 répété deux fois donne lieu à une très-belle distribution, qui renferme une symétrie parfaite, surtout si l'on va à l'Octave.

Or, ces harmonies cachées du septénaire se révèlent plus explicitement par le dessin, à l'aide du son et de la Couleur. 7 sons liés, en unité de gamme, ou entr'eux diverses harmonies. 7 Couleurs mêmes leur correspondent; Ces harmonies sont donc rendues visibles, exprimées et fixées dans leur ordonnance graduée.

par la Couleur. J'aimerais dessin symbolique et géométrique, fais
ressortir les harmonies du son et de la couleur. On les voit s'assortir
se suivre, se contrarier, sous l'empire mystérieux du nombre,
sans jamais sortir de l'unité, qui fait le fond de ce vaste système.

De là donc 7 figures exprimant en sa figure ces harmonies.)

Fig: 1ᵉ. Les 7 couleurs et les 7 tons s'harmonisant en unité
de gamme; tonique en tête, sous l'emblème de l'Hermite, où du
serpent qui mord sa queue.

Fig: 2ᵉ. Gamme harmonique dédoublée, donnant naissance
à une riche symétrie des Couleurs.

Fig.ˢ: 3ᵉ et 4ᵉ. Harmonies d'analogues du ton d'Ut, la
tonique au milieu, représentées par le Candelabre d'Or de Moïse
et par le livre des 7 sceaux de St Jean.

Fig: 5ᵉ. Les 7 couleurs et les 7 sons, rangés par ordre diatonique; suivant l'ordre des 7 corps célestes qui font le fond du
système solaire.

Fig: 6ᵉ. Harmonies de Contraste; Les 7 tons musicaux
et les 7 Couleurs reliées en système complet de Quartes justes;
qui répondent tant aux 7 Corps célestes du système Solaire, qu'aux
7 Jours de la semaine; symbolisés par eux d'après les anciens
Égyptiens (3 groupes de complémentaires, répondant aux 3 paires
d'organes qui ornent la région supérieure de la face humaine; plus
une note ou couleur isolée, répondant à l'organe du goût et à la
région inférieure. Aussi cette figure et la suivante doivent être
disposées en Ovale, l'Ovale exprimant mieux que l'Ellipse le nombre 7.)

Fig: 7ᵉ. Harmonies de Contraste unies aux Harmonies
d'analogues; ou les 3 groupes d'assortiments binaires d'une gamme,
se suivant en ordre de tierces entrelacées; plus la 7ᵉ note qui
s'harmonise à elles, sans avoir de complémentaire.

(Que si l'on veut harmoniser des Couleurs 5 à 5, on
n'a qu'à prendre; d'après le type de la figure N°. 1, les 5 couleurs
qui répondent aux 5 premières tierces de la Gamme harmonique
ut, mi, sol, si, ré. On le voit dans cet assortiment, on a 3
accords parfaits de Couleurs; ut mi sol, mi sol si, sol si ré
c. à. d. deux accords majeurs, un accord mineur. Que si l'on veut

un assortiment qui offre à l'œil un seul accord parfait majeur,
enchassé, dans deux accords mineurs ; que l'on prenne, à la fig:
N°.3, soit les 5 premières notes. Re fa la do mi, soit les 5 dernières la do mi sol si ; Il serait périlleux d'assortir 5 couleurs hors
de ces 3 manières, car l'assortiment serait terne. On n'éviterait
pas l'accord neutre si re fa ; qui n'est plus qu'un accord imparfait de Couleur: base des accords dissonnants. Mais si l'on
suit ces lois, on peut trouver en chaque Gamme nuancée, des assortiments de 5 Couleurs à la fois fort gracieux et très-riches. Ainsi,
sans recourir ni au blanc, ni au noir, 5 belles rangées de Dahlias
dans une plate-bande ; ou bien, autour d'un vase, un groupe très-
brillant de 5 Fleurs. De même dans les brocards sur soie, ou sur
un riche fond de Papiers peints

Le nombre septennaire, à l'aide de l'Octave, permet d'assortir très agréablement 8 Couleurs (Voyez fig N° 2)

Quant aux assortiments de 9 Couleurs, je les crois impossibles
sans sortir de l'unité de Gamme diatonique. Si néanmoins, on veut
les essayer, on n'a qu'à prendre 3 assortiments qui se suivent de
Couleur 3 à 3. (Pl: XIX et XX.).)

Planche XXIV: Assortiment septennaire modèle,
ou gamme harmonique du Rouge cerise, répondant analogiquement au ton naturel d'Ut majeur, avec tous les accords
consonnants, dissonnants et neutre, et ses harmonies de contrast
(vitrail peint)

Ut	mi	sol	si	re	fa	la
Rouge pourpre	Jaune Citron	bleu Céleste	Violet Carmin	Orange	Bleu vert	Indigo

Les 7 tons de la gamme répondant aux 7 Couleurs :
Les 7 couleurs sont au centre, échelonnées, sous forme de
pierres précieuses. De leur sein, jaillissent des flammes ou des
rinceaux de fleurs, aux couleurs variées. Ces fleurs et ces flammes représentent successivement tous les accords qui se répètent,
en belle symétrie, sur les 2 côtés du tableau.
On a successivement ut mi sol, mi sol si, sol si re,
si re fa, re fa la, fa la do, la do mi, autant d'accords
parfaits sauf l'accord neutre si re fa, enchassé au milieu

de la gamme.

Mais en outre, à la suite des accords consonnants ou parfaits, ou à la série des accords imparfaits ou légèrement dissonnants, septième de dominante ou sol si re fa, 4me de dominante sol si re fa fa, ou encore sensible si re fa la, enfin 7e de sensible diminuée si re fa fa♭ et 4me de dominante diminuée sol si re fa fa♭.

Or tous ces accords musicaux, sont comme répercutés et incarnés dans la couleur. De telle sorte que la couleur enseigne, par ses accidents variés, la science des accords musicaux ; et qu'à leur tour le caractère des accords musicaux révèle, à l'œil et au goût de l'artiste, le caractère des accords diversifiés de Couleur.

On sait que les accords dissonnants sont imparfaits précisément par une sorte de consanguinité avec les sons. On le voit dans le renversement d'accords, où reparaissent les degrés conjoints. Or il en est de même entre couleurs. Avis aux peintres !

Cependant, dans les beaux-arts, en peinture comme en musique, une sotte variété n'est pas...

Assortiments de Couleurs 7 à 7 (suite)
Nomenclature Musicale, appliquée aux gammes nuancées de Couleurs, comme de Sons.

Planche XXVe. Les gammes harmoniques de couleurs représentées tonique au Centre et ne portant par suite que des accords parfaits, maintiendraient leurs harmonies de contraste, par le rapprochement successif de 2 gammes. Gammes harmoniques majeures.

(La disposition d'une gamme harmonique avec la tonique au centre (ut fa la do mi sol si) a cet avantage d'éviter l'accord neutre (si re fa) ou l'accord de sensible, qui est un accord imparfait, puisqu'il n'a que 2 tierces mineures, ce que ne relève pas l'intervalle jusqu'à la Quinte. Or cet intervalle est la loi des belles harmonies de 3 Couleurs, parce qu'il monte aux 2 tiers de l'intervalle de la tonique à l'octave, ce qui assortit la musique avec la constitution du nombre ternaire.

Toutes les gammes harmoniques majeures, qui figurent dans le tableau, sont donc ainsi ordonnées. Leur succession part, dans le bas, du dernier des bémols (la^{bbb}) pour s'arrêter au dernier des dièses (sol$^{###}$). Or, en suivant, selon l'ordre des générations directes, la progression des quintes montantes, on rencontre des gammes qui échangent entr'elles des harmonies de contraste. Ces gammes sont au nombre de 34. Sur 41 il en reste donc 7 qui n'ont d'autres harmonies que des harmonies d'analogues, exprimées, comme les premières dans ce même tableau. On voit donc au milieu, et sur les côtés 17 groupes de couleurs complémentaires, qui permettent d'opposer gracieusement entr'elles les 34 gammes qui leur correspondent. Chacune a 3 harmonies de contraste, l'une au milieu et les 2 autres sur les côtés, sauf les gammes de fa$^#$ de ut^b de mi^b de si, de sol^b, de fa$^{##}$ et de mi$^{##}$ qui ont ces mêmes harmonies dans l'intérieur des 2 gammes, en opposition de Contraste.

En dehors de ces groupes, 7 Gammes harmoniques restent isolées. Ce sont les Gammes des Couleurs les plus Sombres, qui ne peuvent s'allier à d'autres par opposition de Contraste, bien qu'elles aient, comme les 1res, leurs accords parfaits gradués.

De ce tableau, résulte la possibilité de juxtaposer harmonieusement deux tons opposés de Couleur. On verra l'application de ce principe aux tableaux qui vont suivre. Il permet de grouper encore 7 Gammes harmoniques dont chacune aura pour unique moyen de l'une des 7 premières Couleurs.

Planche XXVI. Les Gammes harmoniques mineures, représentées tonique au 2me rang et ne sociant que des accords parfaits, et donnant lieu par leur rapprochement ainsi et, à des harmonies de contraste.

Le mineur existant parmi les assortiments de couleur, comme parmi les assortiments de sons, il est juste, à l'instar de ce qui a été fait précédemment pour le mode majeur, de chercher où est la plus grande beauté de ses assortiments septennaires.

Il arrive souvent en peinture de chercher un de ces beaux assortiments. Concevons un beau vase de porcelaine. Qu'au centre du vase, un médaillon soit destiné à la peinture d'un assortiment de fleurs. Le fond supérieur est violet bleu (sol^{ss}) Or si on prend ce fond pour donner le ton à la Gamme ; on aura les belles nuances.

sol^{ss}	la^{ss}	si^s	ut^{ss}	re^{ss}	mi^s	fa^{sss}	sol^{ss}
v bleu	carmin	R. de feu	orangé pâle ou nankin	vert naiss.	vert émeraude	bl. foncé	violet indigo

Eh bien, qu'on rapproche, par tierces entrelacées du mode mineur, ces couleurs adaptées au fond (sol^{ss}) et l'on aura de très gracieuses harmonies, comme je l'ai observé sur une peinture en porcelaine.

Mais si on pose ici, la tonique en tête, ou bien au centre, selon ces 2 dispositions

ou $\Big\{$

sol^{ss} . si^s - re^{ss} - fa^{sss} - la^{ss} - ut^{ss} mi^s . sol^{ss}

la^{ss} . ut^{ss} . mi^s - sol^{ss} - si^s - re^{ss} . fa^{sss}

il devient impossible de décliner l'accord neutre la^{ss}. ut^{ss}. mi^s, accord très affaibli, de son, comme de couleur ; qui jetterait sur le tableau quelque chose de disparate.

Afin donc d'éviter, à la vue, ce trop grand rapprochement de couleurs, mieux vaut prendre la disposition des Gammes harmoniques mineures telle qu'on la voit à la planche XXVI. (Tonique au 2me rang)

Par là notre assortiment en question revêtira cette forme

mi^s	sol^{ss}	si^s	re^{ss}	fa^{sss}	la^{ss}	ut^{ss}
Vert émeraude	fond violet bleu	rouge de feu	vert naissant	bleu de Saxe	carmin	2e fond mauve

Or c'est précisément l'assortiment que le goût de l'artiste lui avait inspiré pour ce beau vase .)

6e. Livraison. Des assortiments septennaires multiples

Les 82 gammes harmoniques ordonnées par groupes de 7 gammes, dont chacune embrasse 7 nuances de chacune des 7 couleurs élémentaires, rapprochées de leurs complémentaires, et escortée de leurs tons relatifs.

(La gamme harmonique de chaque ton ou nuance mère, figure ici deux fois, 1° dans le mode majeur. 2° dans le mode mineur. Le mineur ne conserve ici que ses cordes essentielles. Mais il est apposé sur un même tableau que le majeur, afin qu'on apprécie la différence de caractère des 2 modes, pour la couleur comme pour le son.

Chaque tableau offre donc à l'œil deux modes divers d'assortir harmoniquement une couleur dans un assortiment Septennaire, dont elle devient le ton principal, le point de départ et la clé.

Or, comme en chaque groupe du tableau, les 7 gammes se suivent par ordre de Quintes descendantes (si mi la ré sol ut fa) qui par cela même marchent en perpétuelle harmonie, il en résulte que chaque groupe de 7 Gammes unies, soit au majeur, soit au mineur, forme lui même un seul tout harmonique et mélodieusement identique, offrant l'image de la plus belle variété dans une majestueuse unité. Chacun donc de ces groupes peut servir de modèle pour un ensemble de dessins mosaïqués, quelle que soit la forme qu'adoptera le goût de l'artiste soit pour diversifier ses massifs de Dahlias, ou d'autres fleurs, dans les jardins.

Que si l'on insérait, entre 2 Couleurs Tonales qui se suivent, la tierce de couleur qui les unit, au lieu de 7 gammes harmoniques, on en aurait pour chaque groupe 13 ou 14, sans nuire par cette adjonction à l'harmonie du tout. On pourrait former un massif harmonique de 11ᵉ fleurs.

Du reste, les groupes tels qu'ils sont, offrent la succession des harmonies de contraste, de telle sorte, que chaque groupe, sur 7 Couleurs, présente à l'œil 3 groupes partiels de Complémentaires, dont les gammes peuvent s'assortir à part, ainsi qu'on le verra ci après. Il n'y a d'exception, que pour l'avant dernier tableau (doubles bémols), qui porte dans ses flancs 2 Couleurs obscures au lieu d'une seule, ce qui fait qu'il ne peut en sortir que deux harmonies de contraste. Mais cet inconvénient est racheté par le fait du tableau final, dont le 1ᵉ ton (si ♭♭) s'allie en contraste harmonique avec le dernier du tableau précédent (fa ♭♭); ce qui pour le couronnement de nos gammes, nous donne, moyennant l'accouplement des 2 dernières (mi bbb et la bbb) deux belles harmonies de Contraste.

On pourrait donc faire suivre ces harmonies à travers la gradation qu'indiquent les 41 gammes mères ; et l'on aurait aussi les 34 nuances qui s'allient par contraste harmonique dans un très-bel ordre, en posant les 3 groupes qui résultent des 7 tons naturels au milieu, à droite les groupes des Dièses ; et à gauche, les groupes des bémols, doubles bémols, etc.

$$\{ \text{la}^{bbb} \mid \text{si}^{bbb} \, \text{ré}^{bb} \, \text{la}^{bb} \mid \text{ut}^{b} \, \text{ré}^{b} \, \text{la}^{b} \mid \text{ut} \, \text{ré} \, \text{si} \mid \text{ut}^{\#} \, \text{ré}^{\#} \, \text{si}^{\#} \mid \text{ut}^{\#\#} \, \text{ré}^{\#\#} \, \text{si}^{\#\#} \mid \text{ut}^{\#\#\#}$$
$$\{ \text{mi}^{bbb} \mid \text{fa}^{bb} \, \text{sol}^{bb} \, \text{mi}^{bb} \mid \text{fa}^{b} \, \text{sol}^{b} \, \text{mi}^{b} \mid \text{fa} \, \text{sol} \, \text{mi} \mid \text{fa}^{\#} \, \text{sol}^{\#} \, \text{mi}^{\#} \mid \text{fa}^{\#\#} \, \text{la}^{\#\#} \, \text{mi}^{\#\#} \mid \text{sol}^{\#\#\#}$$

En outre, dans la succession des Gammes harmoniques, en regard de chaque tonale, nous avons posé l'indication de son ton relatif dans le mode mineur si elle est majeure, et dans le mode majeur si elle est mineure. Ce ton relatif a absolument les mêmes notes telles rien s'aura de sa Couleur, que la gamme à laquelle elle se rapporte. L'ordre de marche est seulement divers. Il lui sert donc d'escorte en harmonie perpétuelle. C'est l'Écuyer des anciens jours, chevauchant auprès de son Chevalier.

Planche XXVII (en 2 figures) Les gammes harmoniques de Couleur, analogues aux gammes de son ordonnées par groupes de 7 gammes, avec l'indication des tons complémentaires et des tons relatifs de couleur, dans les 2 modes.

1º Groupe des 7 tons naturels { ———— Majeur ——— Mineur }

Planche XXVIII (même titre)		dièses		Majeur & Mineur
— d. —	XXIX	(— d —)	bémols —	(— d —)
— d. —	XXX	(— d —)	doubles dièses	(— d —)
— d. —	XXXI	(— d —)	doubles bémols —	(— d —)
— d. —	XXXII (en 4 fig.)		triples dièses et d bémols	(— d —)

(Là s'arrête l'analogie musicale. On pourrait sans doute poursuivre, au-delà des 41 nuances mères. Mais si l'on cherche, à l'aide du calcul mélodique, de nouvelles nuances de Couleur, elles rentrent à peu près dans les 1res.

Le Cercle, en effet, est parcouru. Que si on suit un

nouveau tour, on arrive à des degrés très rapprochés pour les notes suivantes; ce qui ... peut donner naissance à de nouvelles harmonies. Voilà pourquoi nous avons surmonté d'une (Croix [×]) les notes subsidiaires qui sont nécessaires mélodiquement... pour completter la gamme, mais qui, au point de vue de la Coloration, tombent sur des flèches voisines des nuances sus nommées dans le Cercle. Artistiquement donc, elles équivalent à l'une des 41 premières nuances, de manière à pouvoir être remplacées par elles, dans les assortiments de Couleurs. Voici cette nomenclature qui aidera à parfaire les gammes d'après le tableau général [les nuances qui figurent au] VIIe planche...

Gammes diésées			Gammes bémolisées		
Fa#####	=	Ut♭♭	Ré♭♭♭	=	Sol###
Si####		Fa♭♭	Sol♭♭♭	=	Ut###
Mi###		Si♭♭♭	Ut♭♭♭	=	Fa###
La###	=	Mi♭♭♭	Fa♭♭♭	=	Si##
Ré###	=	Fa♭♭♭	Si♭♭♭	=	Mi##

Or cette observation suffit, pour ordonner toutes les harmonies.)

Des assortiments septenaires multiples (Suite)

4. Gammes de couleur assorties; pour l'opposition graduée des 2 gammes de Tons complémentaires escortés de leurs tons relatifs ou les harmonies d'analogues combinées avec les harmonies de Contraste.

Planche XXXIIIe. Modèle de Store, ou de transparent colorié orné de fleurs, et émaillé de Pierres fines en 2 figures :

Nous prenons au majeur, les deux dernières de nos 82 gammes dont les tonales sont en harmonie de contraste (mi[###] et la[♭♭♭]) C'est à dire le rouge de minium ou l'écarlate, beau rouge, un peu imprégné de jaune, et le Vert d'Emeraude, le plus brillant des verts). Leurs gammes sont escortées au mineur, par les gammes de leurs tons relatifs; [ut# et fa♭♭] et la Quadruple échelle se déploye de bas en haut, manifestant une riche symétrie de couleurs, qui rehausse l'harmonie de l'ensemble; jusqu'à ce que les deux complémentaires s'étant rapprochées vers le haut, à la double Octave du ton, vont enfin figurer dans un fer de lance, où leur contraste harmonique se manifeste, et où la tierce de couleur (ul.^{le}) qui les relie, dans l'accord majeur de La.^{eee} vient couronner cette belle harmonie de Contraste, par une harmonie d'analogues. La Combinaison est donc heureuse, tant à cause de ce résultat, que par l'alliance rendue sensible de 4 Gammes harmoniques. Sous ce rapport, la couleur offre des agréments qu'on ne saurait retrouver dans les sons. Car bien qu'au point de vue de la vérité intelligible, le sens de l'ouïe, soit plus parfait et plus excellent que le sens de la vue; néanmoins, sous le rapport de la vérité rendue sensible, (et ce n'est que par là que l'homme vient à la Connaissance du Vrai) « entre tous les sens, « comme l'observe un penseur profond le plus agréable pour nous « est celui des yeux. L'objet de la vue étant le plus ample, « tant pour l'étendue que pour la Variété, au point que ce « sens nous informe de beaucoup plus de vérités que les 4 « autres sens réunis » Certe, les richesses comprises dans cette belle notion de l'harmonie, se manifestent dans notre suite de tableaux coloriés, bien autrement que dans les sons.

. Toute fois la couleur, trop fidèle, n'a pu dissimuler une imperfection d'harmonie, que la gamme harmonique des sons, ainsi conçue c. a. d. la Tonique en tête, recèle dans ses flancs Quand on arrive à la 6.e note (la^{eee}) on s'aperçoit que l'accord musical qui y conduit, pèche par quelque point. La couleur bleue n'y est pas suffisamment représentée, et la teinte jaune y excède. C'est l'accord neutre. Si l'on voulait un accord parfait, il faudrait diéser la 3.e couleur, et l'on aurait un la^{eee} c. a. d. un vert presque bleu. Je parle dans la gamme du Mi.^{eee} Dans la gamme de sa complémentaire, c. a. d. du la^{eee}, il faudrait à la 6.e note un ie^{le} c. a. d. la Couleur pourpre; car dans l'accord neutre ([illegible]) le rouge paraît terne et très appauvri. On voit ici combien est grande l'analogie entre les sons et les couleurs puisque tout ce qui nuit ou profite en fait d'harmonie, d'un côté, nuit ou profite également de l'autre. Cette observation est décisive. En règle générale les 3 couleurs primitives doivent paraître, en proportions voulues, en tout accord parfait de couleurs. Si les proportions sont troublées, l'accord change de nature, ou disparaît totalement. Or, cette loi très sensible pour la couleur, montre combien elle procède analogiquement avec le son...

Voilà pourquoi, en vue d'éluder cette difficulté, notre tableau, dans son milieu, porte une 2e figure. C'est un vase de fleurs harmoniques, qui suivent la gamme majeure du carmin ou (la♭) en belle harmonie septenaire. Une rose carminée, au milieu du système représente donc la tonique; et par là on évite la légère dissonance, qui résulte de l'accord neutre. On pourrait même, reproduire à l'octave, la 1re note de ce système (si♭) sans que l'accord neutre se rencontrât. On aurait ainsi une fleur et un accord de plus; à enchâsser au faîte du tableau. On a [illisible] gracieux modèle d'un arbuste, paré d'une riche guirlande de fleurs.)

Des assortiments septennaires multiples (suite)

4 Gammes de couleurs assorties; tonique au centre les Complémentaires au milieu du tableau; et leurs tons relatifs sur les ailes. Parfait modèle d'harmonies d'analogie, se combinant avec des harmonies de contraste.

Planche XXXIV 4 rangées de vases de fleurs dans un jardin; ou bien massif d'assortiments de fleurs pour un dessin de Papiers peints.

(La base de ce dessin, c'est la 2e figure du tableau précédent. Puisque en posant la tonique d'une Gamme nuancée au Centre, on n'a que des accords parfaits de couleur, [illisible] l'accord neutre, ce même embellissement d'harmonie ressortira [illisible] ainsi dans l'assortiment de plusieurs gammes.

Supposons donc 4 vases de fleurs, s'échelonnant en harmonies nuancées, à la base d'une tapisserie. Qu'on suppose, au milieu, les gammes de deux couleurs complémentaires, et que chacune soit escortée, sur les deux ailes, de la gamme de son ton relatif, outre l'unité de l'ensemble et les effets de symé-trie observés dans la planche XXXIIIe, on pourra ménager au centre, trois groupes de couleurs complémentaires, et sur les côtés on aura 4 séries d'harmonies entrelacées parfai-tement ordonnés entr'elles. En somme donc, 4 séries de 5 accords parfaits chacune, reliées par 3 harmonies de con-traste, tel sera le résultat obtenu, et l'on n'aura besoin de recourir qu'à 9 nuances de couleurs, occupant 34 positions différentes.

La forme arquée, que nous avons donnée aux Gammes n'est pas sans doute essentielle à cette constitution d'harmonies. Mais elle fait merveilleusement ressortir les ressemblances et les dissemblances harmoniques de Couleurs.

On conçoit aisément que ce dessin convient à la colo-ration des Papiers-peints, ainsi qu'à toute autre ordonnance de couleurs qui demande une grande variété sans que l'unité du ton périclite.

(Conclusum est! Ici donc, la fin des harmonies, entre les 41 Couleurs ou nuances primitives. Un jour, nous en sonderons le mystère, entre les couleurs composées, à base ternaire et quaternaire, etc. etc.

(Où est, se dira-t-on, la 35e Planche! Réponse Cette planche est la clé de voûte de l'édifice des harmonies du coloris; elle est une démonstration sensible de la justesse de nos aperçus, sur la marche et la classification des nuances primi-tives de couleur; elle est le lien de cette 1re partie de l'œuvre, avec la 2e où il sera question des nuances secondaires de Couleurs. C'est pourquoi sa place est ici, et comme complément scienti-fique de la section 1re de l'Atlas, et comme introduction de la 2me.)

Planche XXXV. (en 5 figures) Des Types primi-tifs des composés ternaires de Couleur, ou série de

nuances qui relient le violet extrême du spectre au rouge extrême, et qui comblent, sans limites tranchées, la lacune du cercle coloré de Newton, d'après les plus récentes découvertes d'Optique.

Fig: 1ʳᵉ. Phénomène des bandes irisées, portant chacune autant de Spectres plus ou moins nuancés des couleurs de l'iris, suivant la largeur de ces bandes.

Fig: 2ᵉ. Rapprochement des bandes irisées de nom contraire, vu dans le prisme, et effets singuliers de ce rapprochement.

Fig: 3ᵉ. Résultats gradués de coloration observés dans ce rapprochement, ou la progression insensible, et la naissance successive, des nuances mélodiques de Couleur qui complettent le spectre coloré, et comblent la lacune de Newton.

Fig: 4ᵉ. Représentation du Courant lumineux que forme le spectre solaire autour d'un cercle, avec la lacune qui s'entr'ouve entre les deux couleurs extrêmes.

Fig: 5. Le même courant circulaire, accru des nuances composées, binaires et ternaires, indiquées par l'Optique, comme comblant la lacune très-sensible du cercle coloré de Newton (9 Nuances)

Sur ces 9 nuances complémentaires, il en est 6 qui sont encore des composés binaires ; les uns provenant de la fusion du bleu et du rouge, et les autres du mélange gradué du rouge avec le jaune ; ainsi :

$$\text{sol}^{\#\#\#} - \text{ut}^{\flat} - \text{si} - \text{la}^{\#\#} \qquad \text{mi}^{\flat\flat\flat} - \text{re}^{\flat}$$

| violet pur | violet rouge | Violet clair | Rouge Carmin | | Rouge de minium | Rouge garance |

Il en est trois, qui sont des composés ternaires, portant, dans leurs flancs, mais à degrés divers, les 3 Couleurs élémentaires : bleu, Rouge et jaune.

Ce sont les nuances qui comblent la lacune entre les deux systèmes que les simples composés binaires seraient impuissants à relier. Les voici :

$$\ldots \text{la}^{\#\#} \ldots \text{re}^{\flat\flat} - \text{ut} - \text{si}^{\#} \ldots\ldots (\text{mi}^{\flat\flat\flat}$$

| + Pourpre | Rouge Cerise | Rouge de feu |

Or, ces 9 nuances mélodiques ajoutées aux 32 autres, que le spectre ordinaire fournit, complettent nos 41 familles de nuances, dont l'apanage est géométriquement déterminé. Chacune a sa juste mesure d'étendue, dans le vaste domaine du cercle lumineux, qui ceint tout l'horizon terrestre, de telle sorte, que leur réunion complette le cercle coloré que pressentait le génie de Newton.

Mais on sait que ces nuances de couleur étant une fois trouvées et coïncidant aux nuances de son, qui diversifient à des intervalles géométriques, le parcours de la gamme naturelle rien n'est plus aisé que de déterminer les assortiments réguliers, ou les harmonies de Couleurs.

Donc, les harmonies de couleurs, en vertu de l'analogie démontrée, suivent en tout les lois des harmonies de son du moins pour les Couleurs primitives, et pour les nuances qui résultent de leur combinaison la plus simple, au ton normal de Couleur.

Il est temps de chercher des résultats ultérieurs :

Introduction.

—

Deux nouveaux mémoires vont completter notre 1ᵉʳ travail.

1° Modèles de coloration, dans la Nature.

Afin de mettre en évidence les résultats déjà obtenus, et d'offrir un choix d'assortiments au goût des artistes pour la pratique, nous indiquons une collection de modèles de Coloration pris dans la nature. C'est une vaste galerie, à laquelle les 3 règnes de la nature porteront successivement leur tribut. Les fleurs et les fruits que la main de Dieu enrichit des couleurs les plus brillantes et les plus vives ; la robe magnifique de certains êtres animés, où se jouent les plus belles nuances avec de merveilleux reflets : Insectes, oiseaux, poissons, madrépores, etc. Les divers accidents de lumière, dans l'air, sur les eaux, dans les feux colorés et surtout dans les flancs, ou polis, ou diaphanes, des marbres et des pierres précieuses, qui resplendissent des mille feux du jour, enfin les types les plus riches de coloration, que la main de Dieu a parsemés dans les belles variétés de la physionomie humaine, ce sont autant de belles catégories qu'embrasse l'art du Coloris.

Mais ces modèles de coloration, tout précieux qu'ils sont, n'indiquent par les assortiments réguliers, dans les quels chacun d'eux peut entrer.

La connaissance toute nue en serait superflue, à notre point de vue. Au plus, servirait elle à des esquisses de coloration isolée et individuelle.

Que fallait il pour les faire cadrer dans un vaste système, sans confusion aucune, et pour pouvoir les appeler par ordre dès que le besoin s'en ferait sentir.

Il fallait leur donner un nom, et un nom musical, un nom invariable, inscrit sur le front de telle ou telle nuance ; de telle sorte que la nuance de couleur, mise en avant, appelât sa nuance analogue de son ; et que la nuance de son mît sur la voie pour trouver une nuance de couleur harmonique avec la 1re à tel ou tel degré, en tel ou tel genre d'harmonie. Ainsi devait être résolu ce problème « Telle fleur, tel ruban, telle « robe d'insecte ou d'oiseau, étant désignée par sa couleur trouver « à l'instant parmi les fleurs, les oiseaux, les insectes, etc « les objets qui harmoniquement lui répondent » Il en est de même du teint et de la couleur des cheveux qui rehaussent la physionomie humaine. Mais ce problème plus compliqué requiert des connaissances ultérieures Tout le secret de l'art de la peinture est là.

Or ce travail, nous l'avons fait : Il sera exposé en forme de table de matières, à la suite des 35 premières planches. L'artiste donc, ayant ses gammes harmoniques sous les yeux, n'aura qu'à chercher au sein de cette vaste galerie, la fleur, l'insecte, etc. dont la nuance répond à telle ou telle des nuances d'une gamme colorée ; et la couleur lui étant donnée il n'aura qu'à bien esquisser son dessin et l'enrichir de la couleur

Nous limitons cette nomenclature à quelques types, choisis dans les trois règnes de la Nature.

1°. Pierres précieuses,
2°. Fleurs harmoniques,
3°. Insectes et oiseaux richement coloriés.

1°. Des Matières de coloration, et de leur emploi dans les Arts.

Le Peintre quand il veut devenir habile coloriste, s'accoutume à saisir les nuances et les tons variés des Couleurs, il apprend la juste distribution de la lumière et des ombres ; et il s'attache à fondre les diverses parties d'un seul ton, par une habile répartition des teintes intermédiaires. Or l'art de nuancer et de répartir la lumière et l'ombre, le force à recourir à des composés de Couleurs, qui sortent du domaine des couleurs & des nuances primitives. De là, les composés ternaires, quaternaires, ou plus multiples encore de Couleur. De là les Numéros de teinte, pour toutes les nuances, simples ou composées, primitives ou secondaires.

C'est ce vaste système de composés multiples, qu'il s'agirait de ramener aux lois de l'harmonie.

Mais ce travail demande une connaissance parfaite des lois de la coloration ; et la connaissance de ces lois ne pourrait s'acquérir humainement, si l'on ignorait les procédés employés par les bons coloristes ; et comme ces procédés dans la pratique, sont subordonnés à l'emploi des matériaux, que la nature ou l'art leur ont mis sous la main, la connaissance des matières de Coloration est indispensable pour les apprécier sainement. Les moyens sont bornés et le champ des beaux arts est immense. Autres encore, sont les ressources de la peinture à l'huile, autres celles de l'aquarelle, la miniature ;

ou de la gouache et .

Ce mémoire est un abrégé des lois de la coloration, et des procédés usités en peinture, pour mettre en valeur les matériaux, dont dispose le génie de l'homme. Ces procédés sont indiqués sommairement, à mesure qu'il est question, soit de la couleur même, soit de la matière, qui sert à en revêtir les œuvres du génie, et afin de procéder logiquement, et avec toute la lucidité désirable, après quelques notions préliminaires sur l'indigo, viennent les 3 Couleurs primitives, bleu, jaune et rouge, puis les 1ʳˢ des composés binaires, vert, orange, violet ; et enfin des données précises sur les matières qui donnent les noirs, les bruns et les blancs.

C'est principalement à l'occasion des orangés et des Aurores, les couleurs qui se rapprochent le plus des teintes de carnation, qu'il est question de la peinture du portrait, et de tout ce qui intéresse la figure humaine, là arrive la description de la palette d'un peintre, en ses divers états et à plusieurs fins. L'emploi de la palette est indiqué, soit pour les ébaucher, soit pour les reprises et, surtout le fini d'un tableau. Viennent ensuite les digressions, tant sur les fonds en général, que sur les fonds d'impression, qui animent sous la transparence des couleurs, une toile ; Or, c'est principalement en cette partie du mémoire, qu'on se fait une idée complette, soit des divers tons de Couleurs, soit des teintes plus ou moins sombres qui leur conviennent, pour mettre en relief les objets ; et c'est là qu'on peut faire l'étude des couleurs composées à base ternaire, quaternaire, etc, et des modifications qu'elles subissent dans les reflets divers de lumière et d'ombre.

Les règles du coloris parfait sont donc là, en substance mais il s'agit de les extraire de cette vaste galerie, à l'aide de l'observation et de la science ; et c'est ainsi, que l'art du coloris, se fondant sur les lois de l'harmonie musicale, et sur les rapports invariables, dont elles sont l'expression, peut s'élever à la dignité d'une Science. Car la Science est la connaissance des principes divins et immuables qui président soit à la course de la vie, soit à la conception d'une œuvre ...

De même donc, que dans les sciences naturelles, les faits d'abord sont recueillis, puis constatés et généralisés à l'aide de l'observation, puis réunis en groupes sous le nom de lois (si toutefois on peut en assigner la cause dans des raisons fixes et immuables), de même, faudra-t-il procéder, si l'on veut procéder logique — ment —, dans la science des harmonies du coloris. Si le Seigneur seconde nos efforts, nous espérons le faire, à la suite de cette étude préparatoire ...

— Il est des substances légères qui fournissent d'excellentes couleurs. Ces couleurs n'ont pas assez de corps pour la peinture, mais à l'aide de certains mordants, on les fixe sur les étoffes, par la teinture.

Or, il importe ici de les connaître, tant parce que ces étoffes sont des modèles que la peinture doit reproduire, à l'aide des crayons ou du pinceau, que parce qu'elles sont parées de très-riches nuances, dont la beauté ne doit pas être omise quand il s'agit des harmonies du coloris. Delà, le partage de ce travail entre la peinture et la teinture. On nous en saura gré, surtout au point de vue de l'Industrie.

N.B. Ces deux 1ers mémoires en appelaient un autre qui leur sera uni. Il a pour titre :

III°. Modèles de Coloration, dans les arts, ou courte esquisse sur les grands peintres coloristes

Puissent, les réflexions, que suggéra ce travail, introduire l'Auteur et ses lecteurs, à la connaissance et à l'amour des harmonies universelles.

www.ingramcontent.com/pod-product-compliance
Ingram Content Group UK Ltd.
Pitfield, Milton Keynes, MK11 3LW, UK
UKHW031746170726
13836UKWH00002B/907